# MARCELO ROCHA

# TUDO
# FAZ
# TANTO
# TEMPO

1 edição / Porto Alegre

Capa: Bruna Dali
Diagramação e coordenação editorial: Maitê Cena
Produção gráfica: André Luis Alt

Dados Internacionais de Catalogação na Publicação (CIP)

---

R672t    Rocha, Marcelo
            Tudo faz tanto tempo. / Marcelo Rocha. - Porto Alegre: BesouroBox, 2024.
            128 p. ; 14 x 21 cm

         ISBN: 978-85-5527-145-8

            1. Literatura brasileira. 2. Poesia. I. Título.

CDU 821.134.3(81)-1

---

Bibliotecária responsável Kátia Rosi Possobon CRB10/1782

Todos os direitos desta edição reservados a
Edições BesouroBox Ltda.
Rua Brito Peixoto, 224 - CEP: 91030-400
Passo D'Areia - Porto Alegre - RS
Fone: (51) 3337.5620
www.besourobox.com.br

Impresso no Brasil
Agosto de 2024

*"Quanto tempo dura o eterno?", pergunta Alice. "Às vezes, apenas um segundo", responde o Coelho Branco. Há sonhos que duram instantes em que tudo parece congelado por uma eternidade. Na nossa experiência pessoal, o tempo é elástico.*

(Carlo Roveli, A ordem do tempo)

Em memória de Maria Lúcia e Paulo Roberto.
Para Juliana e Mariana, sempre.
Para Ane, Lu, Dani, Lúcia, Ana e Luíza, tempos partilhados.
Para André Sonda, Mitidieri, Adeítalo, Conceição, Antenor, Luzi e Wagner, tempos redescobertos.
Para Assis Brasil, maestro soberano.

# SUMÁRIO

Tudo faz tanto tempo ................................................... 11
Uma canção depois da noite ..................................... 12
Se te despedes de mim ............................................... 13
Balada para Rimbaud (ou um trem para Paris) .......... 14
Os versos que escrevo ................................................ 15
Qual felicidade? ........................................................... 16
Vida passagem de ida ................................................. 17
Dona Santinha ............................................................. 18
Máquina ....................................................................... 19
Arte e furto .................................................................. 20
Poesia e subversão ..................................................... 21
Poema sem fim ............................................................ 22
Odisseia ....................................................................... 23
O catador e o poeta .................................................... 24
Em nome do povo ....................................................... 25
Achados & Perdidos .................................................... 26
Deambular ................................................................... 27
Teu poema ................................................................... 28
Leitor ........................................................................... 29
Elevador ...................................................................... 30

## O MAR E O TEMPO ............... 31

O mar e o tempo ..................................................32
Até que o verso sangre ...........................................33
Ode a São Borja ....................................................34
Um dia sem poesia ................................................35
O que restou do tempo..........................................36
Cilibrina ..................................................................37
Parte alguma ........................................................38
Legião Estrangeira ................................................39
Espelho .................................................................40
Caderno ................................................................41
Mais tarde.............................................................42
Som e sentido ......................................................43
Paisagem sonora ..................................................44
Poema fechado ....................................................45
Apple ....................................................................46
Lições de Análise do Discurso ..............................47
O povo do meu poema.........................................48
Cantiga para Mariana ...........................................49
Uns versos para guardar na tua mochila ..............50
Formatação ..........................................................51
Autorretrato .........................................................52
O que pode ser mais antigo? ................................53
P(r)o(bl)ema para Pitágoras .................................54
Da doxa para episteme ........................................55
Vaivém .................................................................56
Teu olho no poema ..............................................57
A Igreja .................................................................58
Perfume ................................................................59
Domingo, 18 horas ...............................................60
Amanhã................................................................61
Futuro do pretérito ..............................................62
A cidade ...............................................................63

A ordem do tempo .................................................. 64
Para chegar ao silêncio .......................................... 65
Poética do devaneio ............................................... 66
Signos ...................................................................... 67
Escrever .................................................................. 68
Escrever todo dia ................................................... 69
Não sou fingidor ..................................................... 70
O tempo do poema ................................................ 71
Debaixo da pele ..................................................... 72
Sistema ................................................................... 73
Memórias Inventadas ............................................. 74
Matéria da memória ............................................... 75
Sonho submarino .................................................... 76
A idade ensina ........................................................ 77
Trapézio .................................................................. 78
Adeus, Odisseu ...................................................... 79
Panelaço ................................................................. 80
O sentido da vida ................................................... 81
Eu, humano, demonstrável .................................... 82
Margem terceira ..................................................... 83
Mátria ...................................................................... 84
Quem sabe um recomeço? ................................... 85
Saída ....................................................................... 86
Quando eu partir .................................................... 87
A palavra não dita .................................................. 88
Lacaniana ............................................................... 89
Rousseauniana ...................................................... 90
Rodrigueana ........................................................... 91
O som do poema .................................................... 92
Poema se faz fazendo ........................................... 93
Prometeu ................................................................ 94
Paratodas ............................................................... 95
O corpo do texto ..................................................... 96

Aqui jaz ........................................................... 97
Das Ideologias ............................................... 98
Deu pra ti, anos 80 ........................................ 99
Os outros ...................................................... 100
A queda ........................................................ 101
In medias res ............................................... 102
Noite ............................................................. 103
Não tenho morrido muito ............................. 104
Como nasce um soneto ............................... 105
Um soneto para Quintana ............................ 106
Fronteira ...................................................... 107
E se .............................................................. 108
Lembrete ..................................................... 109
O poema está morto .................................... 110
Memória de Natal ........................................ 111
A persistência da arte ................................. 112

# Um Jardim ao Sul ............. 113

Solidão Continental ..................................... 114
Aprender a morrer ....................................... 115
A parte do tempo ......................................... 116
Morto ............................................................ 117
Silêncio ........................................................ 118
História da Eternidade ................................. 119
Vertical ......................................................... 120
Anotações ao rodapé do calendário ........... 121
Não se adia poesia ...................................... 122
Um jardim ao Sul ......................................... 123
Réquiem ...................................................... 124

Notas em forma de posfácio ....................... 125

## TUDO FAZ TANTO TEMPO

Parece que hoje
tudo faz tanto tempo;
pode ser o vinho,
pode ser a chuva,
pode ser a gente,
pode ser o vento.

Pode ser a idade
Que nos deixa mudo;
Pode ser a verdade.
Pode ser que hoje
Tanto tempo faz
Tanto tempo tudo.

## UMA CANÇÃO DEPOIS DA NOITE

Por uma voz que acalma e aquece
Por essa força em resistir
Por um novo dia que a gente merece
Por quem já foi e por quem há de vir

Por tudo aquilo que nunca se esquece
Pela manhã que ainda há de nascer
Na multidão que se reconhece
Pelo o que resta e o que ainda há por fazer.

Por um poema de Mario Quintana
Para aplacar essa dor infinita
Porque poesia não só enternece
Mas joga a gente de volta pra vida.

Por tantos ventos já desgarrados
Tanta saudade por prantear
Há um Porto Alegre a surgir no horizonte
E é por isso que ainda vale cantar.

## SE TE DESPEDES DE MIM

Se te despedes de mim,
palavras ficam azuis.
Movem-se traços sem fim,
Pedaços de escalas em *blues*.

Se te despedes de mim,
há uma sonata a soar em silêncio,
espaços, aromas, jasmim,
formas dispersas, incensos.

Se te despedes de mim,
Fumaça, memórias e bruma.
Então, despeço-me assim:
aos pedaços e em passos de chuva.

## BALADA PARA RIMBAUD
## (OU UM TREM PARA PARIS)

Tudo faz tanto tempo
Que já nem lembro
Do olhar azul que mente
da fuga sem bilhete
de um trem para Paris.

Tudo faz tanto tempo
Que eu já nem lembro
Do mar de fogo e fumaça
Organizadas as massas
Comunas febris.

É tanto tempo tudo
Que não é absurdo
o poeta vidente
Andarilho doente
O gênio infeliz.

É tanto tempo tudo
O poeta virou o mundo
Chipre, Egito, Aden,
Colado ao Mar Vermelho
"Eu sou o outro" ao espelho
Vendendo velhos fuzis.

Tanto tempo tudo
Um barco solto no escuro
Naufragando certezas
De quem, por delicadeza,
Perdeu a própria vida.

## OS VERSOS QUE ESCREVO

Os versos que eu escrevo
Já estavam me esperando
Em algum canto, escondidos,
Palavras me sussurrando.

Os versos que eu escrevo
Estavam me devorando
de dentro para fora
e, por fora, me rondando.

Os versos que eu escrevo
Já estavam caminhando
ao meu lado, se eu seguia
se eu dormia, me velando.

Os versos que eu escrevo
Cada dia vão mudando
Muitas vezes reescritos
outras vezes me ensinando
que poema não se adia
Ele volta,
algum dia,
alguma porta
arrombando.

## QUAL FELICIDADE?

É preciso aprender a ficar triste,
acostumar-se com o céu
quando anoitece aos poucos,
com o fim incerto,
um livro aberto,
o poema não lido;
é preciso estar desperto
para estar triste.

É preciso aprender a ficar triste,
diante da placidez ruminante dos bovinos;
do servilismo voluntário dos assassinos;
dos fascistas que nos rondam;
dos bêbados que nos trombam
nas festas de fim de ano;

Felicidade é um projeto, um plano,
uma ideia comercial e idiota;
"Viver feliz é não pensar em nada"
A Felicidade é uma senhora sorridente,
gentil e morta.

## VIDA PASSAGEM DE IDA

Os objetos falam ao nosso lado:
um óculos quebrado,
uma xícara lascada,
uma capa de livro amassada
sobre a mesa do escritório.

Cada objeto, uma vivência:
Lápis, caneta, relógio.
Fotografias, experiências.
Lembranças de viagens na estante,
Fragmentos, imagens, instantes.

Os objetos falam ao nosso lado.
Mas o que eles dizem?
Como terá sido nossa trajetória?
A vida é passagem de ida
um percurso na memória
biografia na mochila.

# DONA SANTINHA

*Com base no conto "Cabra cega",
de Carlos Carvalho.*

Um por cima, um por baixo,
uma laçada;
Assim Dona Santinha tricotava;
Um por cima, um por baixo,
uma laçada;
Tantos fios, tanta memória entrecruzada;
Um por cima, um por baixo,
uma laçada.
Tudo isso e mais João que costumava,
todo dia assustá-la e machucá-la;
Certa vez, o marido que arquejava;
Um por cima, um por baixo,
uma laçada;
"Minha Santinha, o comprimido,
no balcão perto da escada";
Um por cima, um por baixo,
uma laçada;
Mas Santinha
não fez nada;
Um ruído,
João no chão,
Um por baixo,
Caiu morto,
uma laçada,
o coração,
e Santinha retomou a tricotada.

## MÁQUINA

Todo ódio é aprendido,
mantido, cultivado.
Não há um ódio natural.
Todo ódio é motivado.

Há quem tente explicar,
compreender sua engenharia,
mas o ódio ultrapassa tudo,
transborda qualquer teoria.

O ódio invade o Congresso,
Desmonta a filosofia,
Devasta a ordem e o progresso
É plenitude vazia.

Razão não explica afeto,
no ódio não há polifonia.
O ódio tem alvo certo:
o outro como anomalia.

O ódio é deserto do igual
É religião; uma crença.
O ódio funciona em conjunto
Pra destruir a diferença.

## ARTE E FURTO

No princípio, era mímese
Imitação da imitação,
Sombra, miragem,
alucinação consentida.

Mais tarde, combinada
à catarse, virou fruição,
outro modo
de entender a vida.

Diz que Deus aplicou a teoria:
somos mímese,
Sua imagem e semelhança.
Nada surge do nada.
Nada de novo
debaixo do sol.
Todo artista imita,
copia, copia e copia,
até tornar-se original.

## POESIA E SUBVERSÃO

A poesia verdadeira
desconhece boas maneiras;
não é produto do mercado,
não é a alegria de sarau,
não cabe na prateleira.

A poesia verdadeira
Traz a fala brasileira;
Não o canto empolado,
barroquismo exagerado,
patriotada com bandeira.

A poesia verdadeira
É ato de resistência
ao lirismo comportado
protocolo carimbado;
rompe com fronteiras.

A poesia verdadeira
Não tem dono, nem patrão;
Não vive em Academia,
Em prêmio, em honrarias.
A verdadeira poesia
nasceu pra ser transgressão.

## POEMA SEM FIM

A poesia é filha da incerteza,
nasce do não-saber.
Quando um poema chega ao fim,
ele não termina assim,
já há mais dúvidas à espera
e outras perguntas.
Mas a poesia não tem respostas:
é porta aberta
para outras portas.

## ODISSEIA

Extraordinária é a vida cotidiana
onde o Zé empurra sua carroça
por toda a semana,
sem ter uma Ítaca para voltar.

Essa Odisseia
não dá manchete;
não tem plateia,
não dá *like* na internet.

Mas Zé é maior que Ulisses,
que Édipo e Polinices,
e deambula pelas calçadas.
E nós, cegos como Homero,
nas telas e nas janelas,
não enxergamos mais nada.

## O CATADOR E O POETA

O catador e o poeta
Vivem das sobras da cidade
Daquilo que foi descartado
Do que era para ser esquecido.

O catador e o poeta
reciclam segredos perdidos
Erigem uma nova cidade
Com cimento proibido.

Porém, é preciso cuidado
Não se pode dormir tranquilo
O catador e o poeta conspiram
E, um dia, empurram de volta
Tudo o que foi recolhido.

# EM NOME DO POVO

É fácil falar do povo
Do alto de um palanque
Querer o bem do povo
Com o povo bem distante.

É lindo falar ao povo
No ardor de um comício
Com olhos marejados
Mas longe do precipício.

É forte falar do povo
esboçando teorias
Desde que o povo permaneça
como mansa geografia.

Pungente é falar do povo
Como alegoria mítica
Para que o povo se esqueça
De que é parte da política.

É fácil falar do povo
Quem jamais teve na luta
Falar do povo é moleza
Pra quem fala e não escuta.

Mas quem fala em nome do povo
Esquece que cada um tem seu nome
Quem em nome do povo fala
Dorme bem, não passa fome
E, geralmente, não é povo.

## ACHADOS & PERDIDOS

Para onde foram os objetos perdidos,
guarda-chuvas, sombrinhas,
chaves, documentos?
E o balão que,
por um momento,
escapou da minha mão
na Redenção?
Para onde foi?
Meu pai e minha mãe,
Onde estarão?

Existirá um
Achados e perdidos
que recupere lembranças, sentimentos
ou o jeito de olhar que a gente tinha?

# DEAMBULAR

Caminhar.
Um dia idiota que não termina.
Automóveis na avenida.
Faixa para pedestres.
As vitrines com objetos, amontoadas de que não preciso.
Meninas passeando na calçada,
com uma alegria que nunca tive.
Andar.
Sem pensar.
Sem pressa.
Sinal vermelho.
Os idosos nos bancos da praça. Sem esperança.
A lembrança de um texto do Caio.
Resplandeço infelicidade.
A prostituta chora de costas para o bar.
Um grito de criança escapa por uma porta.
O choro, a dor e a tristeza são nossas.
E quem nos consola?
Dor não se guarda no bolso.
Não se porta. Não se pode arrancar.
Dor é parte da gente. Vez por outra, desatina.
E quem se importa?
Memórias de uma casa vazia.
Deambular.
Quando se vê, anoitece.
Acabou o dia.
A dor, enfim,
Transforma-se, exausta, em poesia.

## TEU POEMA

Se o poema te agrada,
ele não é mais meu:
é teu.

Pois o verso é
a porta de entrada
da poesia
que te escolheu.

## LEITOR

O poema que você está lendo
pode até não existir;
pois os versos que você lê
não são os versos que eu escrevi.

# ELEVADOR

Antes de entrar
verifique se os versos
estão parados neste lugar.
Caso os mesmos
estejam em outro andar
Recomenda-se andar
e andar e subir
e descer
até encontrar
"os mesmos"
na escada
talvez em outro
patamar.

# O mar e o tempo

## O MAR E O TEMPO

É preciso, antes de tudo, esquecer
os tempos mortos
passados em filas
perdidos em portos
esperando embarcar.

É preciso, sobretudo, esquecer
as horas mortas a preencher
mil formulários
cuidar o horário
para chegar
a nenhum lugar.

É preciso, depois de tudo, entender
o que sempre volta
e o que nos fica
do mar imenso
água do tempo
que é nossa vida.

## ATÉ QUE O VERSO SANGRE

*Inspirado na Mostra "Até que meus dedos sangrem", de Teresa Poester.*

Tingir o espaço
Com um emaranhado
de linhas e traços;

Preencher
os pedaços
com
vermelho sangue;

Pode ser
que assim arranque
um olhar teu.

Pode ser
que assim estanque
minha fúria.

Pode ser
que assim espante
a polida crítica.

E se descubra, enfim,
que toda obra é política.

# ODE A SÃO BORJA

Preso à minha classe
e a um jeans rasgado
vou andando pela cidade.
O tempo ainda é de espera,
maus poemas, ruas tortas,
solidão sincera.

Espreitam-me pelas janelas,
mas nada acontece em meu coração.
Não há Ipiranga, nem São João,
Menino Deus, Cidade Baixa,
Van Gogh ou Bom Fim.
Minha revolta é o que há de melhor em mim.

Preso à minha classe e
a um jeans rasgado
Vou andando pela cidade
O que fazer, exausto,
se nenhuma flor rompe o asfalto?

Talvez sejas a realidade
Labirinto que não desata
antieuclidiana aporia.

Cidade dos meus versos
Chão que desconheço,
Avesso da minha poesia.

## UM DIA SEM POESIA

Há dias em que acordo sem poesia
Igual Adélia Prado.
E pedra é pedra mesmo.
Um adro é só um adro.

Vez por outra, sem poesia
Preferiria nem levantar.
A vida, uma ordem vazia
De nada adianta esperar.

Nos dias sem poesia
os ombros suportam o mundo.
E até Drummond poderia
Chamar-se mesmo Raimundo.

Sem mistificação,
A vida até seguiria.
Mas, triste é o coração
Em um dia sem poesia.

## O QUE RESTOU DO TEMPO

Não me leve a mal,
mas amo mais é no inverno;
pois no verão a gente ama quase tudo,
E amar tudo é não gostar de nada;
É desfilar sonolência na calçada.

Não me leve a mal,
Mas faço as malas no outono;
Pois no outono se antecipam recomeços,
De um jeito lento como são os movimentos
dos automóveis nos feriados nas estradas.

Não me leve a mal,
Mas não acredito mais no tempo
Na divisão desses relógios, calendários.
O tempo existe como ideia mais profunda:
uma medida para marcar que tudo muda.

## CILIBRINA

Pela manhã, ventania
Às 7, comida dos gatos;
Mais tarde, padaria;
Recolher galhos, cortar o mato.

Às 10, Amoxilina;
Depois, passear no jardim;
Cilibrina, antes do meio-dia;
Terminar a vida assim.

## PARTE ALGUMA

Escrever sobre a parte que a gente entende da vida
É não entender o sentido mesmo da escrita.
Escrever é ver que o verso hesita
Ao desvelar espanto e enigmas.

## LEGIÃO ESTRANGEIRA

Publico mesmo o que não presta
pois como disse Clarice:
"O que presta também não presta".
Texto perfeito é tolice.

## ESPELHO

Derrubaram minha casa da infância
Tombaram as árvores do jardim
Minha vida observo à distância
Cada vez mais longe de mim.

## CADERNO

E quando estiver mais velho
talvez vacile ao escrever
à mão,
nas páginas do meu caderno,
um poema sobre
a solidão.

## MAIS TARDE

Mais tarde a gente conversa
Mais tarde eu penso em um verso
Depois termino a poesia
Porque é tanta correria.

Mais tarde programo a viagem
Adiante te mando mensagem
A gente vai se falando
Quem sabe a gente combina.

Quem sabe te vejo mais tarde
Cruzamos em alguma esquina
quem sabe mais tarde nem seja
assim meio tarde demais.

## SOM E SENTIDO

O poema existe para ser ouvido
há de se escutar a dicção do poema;
perceber sua métrica, modulações,
ritmos, silêncios.

O poema existe para ser ouvido,
sussurrado ou em voz alta.
E na pauta da partitura
é preciso entender
a estrutura que nos falta.

O poema existe alternado
entre pausas e batidas,
num compasso desregulado,
tal como pulsa a vida.

Um poema existe para ser ouvido.
Som e sentido unidos
(ou em constante conflito)
seja como prece
seja como grito.

## PAISAGEM SONORA

Por favor, desligue as máquinas
Escute o som ao redor
Escute o som dessa página
Ouça com atenção a construção do poema.

## POEMA FECHADO

Eu vi o poema passar em frente ao meu portão
E o chamei para conversar
sobre a vida,
A fome, o frio
o preço do pão.

O poema disse não.
Preferia falar sobre a metafísica,
a metáfora,
a alegoria,
Epistemologias
e anáforas,
Que assim se fazia poesia.

Fechei meu portão para o poema fechado.

Não me interessa
o homem sem estômago,
a mulher das nuvens,
e as frutas sem preço na feira.

Não me interessa o poema que não fede nem cheira.

## APPLE

Para mim, não faz sentido o departamento
que registra, digitaliza e
traduz meu pensamento.

Tampouco necessito
que meu desejo mais íntimo
siga o ritmo do algoritmo.

Não quero a insípida Apple mordida.
Quero a batida do embalo da rede
a entropia transformada
em melodia.

## LIÇÕES DE ANÁLISE DO DISCURSO

A linguagem nos atravessa
desde o nascimento;
e quando a gente acha que começa (um pensamento)
ele é fruto de um esquecimento.

Linguagem também é furto
de tempos passados.
Ao entendermos que vamos falando
na verdade, nós somos falados.

E assim o discurso desliza:
livre, leve e perdido
na respiração da significação
na iminência breve de um sentido.

## O POVO DO MEU POEMA

O povo do meu poema
derruba a cadeira e senta
no chão e pergunta:
"Pra que serve um poema?"

O povo do meu poema
desfralda a bandeira e venta,
já não precisa de versos,
palavras de ordem inventa
enquanto me enfrenta:
"Afinal, quem tu representa?"

# CANTIGA PARA MARIANA

Quando dorme a minha filha
Dormem as horas nos relógios
Dormem ódios e remorsos
Dormem em solidão secreta
os corais.

Quando dorme a minha filha
Dorme a lua no telhado
Dormem as gatas
Dormem os gatos
Ficam mudas as serenatas
nos beirais.

Quando dorme a minha filha
Dormem ruas e calçadas
Dorme a noite sossegada
Dorme o peso de acordar.

Quando dorme a minha filha
Dormem estrelas na janela
E o vento se enovela
E inventa uns versos pra ninar.

## UNS VERSOS PARA GUARDAR NA TUA MOCHILA

Não é preciso que a memória refaça sua trilha
Para que eu lembre do teu rosto de menina
Pois o tempo tanto apaga quanto ensina
Por isso te trago uns versos, filha.

Já que conversas voam, são armadilhas
E na solidão nada ilumina.
Mas um poema é diferente e a quem se destina
Pode até ser imortal, chama que brilha.

Se um dia eu for barco ébrio ou uma ilha
Se um dia eu for brisa, vento ou voz esquecida
Disperso estarei em tudo e não estarás sozinha
Estaremos juntos nesses versos, outra vez, minha filha.

## FORMATAÇÃO

Por favor,
não alinhe seus versos
à direita.
Tampouco os
centralize
ou justifique.
Digite mais espaços,
pedaços,
mas não explique.
Mantenha as entrelinhas.
Esqueça as notas de rodapé.
E, no fim, se der:
converta o retrato em paisagem.
E deixe os versos, agrupados,
Migrarem todos
Pra margem.

## AUTORRETRATO

Eu faço versos como quem morre
de susto e um pouco a cada rima
traço Quintanas que me comovem
ouço Bandeiras em melodias.

Aceno, a poucos, e o que me sobra
são as mãos fracas, lenta agonia
não tinha o rosto que tenho agora
nem mais Cecília, nem mais poesia.

Só tenho uns versos de desencanto,
que o vento sopra e inventaria
repiso folhas, recolho prantos
e faço versos dessa afasia.

Resta Leminski, em estilhaços,
roda Vinícius, na uisqueria,
Drummond e Adélia em mudo abraço
dançam no espelho, minha aporia.

Enceno fases, em meus retratos,
nesses meus olhos, vistas vazias.
Eu faço versos como quem morre,
mas deixa pronta a biografia.

## O QUE PODE SER MAIS ANTIGO?

Um sapateiro, em um poema, a bater sola;
um jingle do Brizola;
ou o Bilac,
de bigode e fraque,
no livro da escola?

## P(R)O(BL)EMA PARA PITÁGORAS

E se, num triângulo amoroso,
a hipotenusa
fugisse com seus catetos
para a costa de Siracusa
e vivessem como números inteiros, plenos,
e não só como um teorema
que qualquer estudante usa?

## DA DOXA PARA EPISTEME

Só depois de muito estudar e
buscar respostas em epistemologias,
metodologias e na ciência,
em suas vastas teorias e leis,
aí é possível dizer
com todo orgulho e certeza:
não sei!

## VAIVÉM

Cada verso é como um degrau da escada
onde se sobe;
mas cada vez que escrevo
um verso desce.

E o leitor já não sabe
quem segue:
se o signo que agora se move
ou
as imagens e ideias
que desaparecem.

## TEU OLHO NO POEMA
*Para Ana C.*

Olho muito tempo meu olho no poema
Até ele virar espelho.
E cada verso está ali
Atento e pronto a me dar conselho.
Mas, claro,
Não aceito.

Olho muito tempo meu olho no poema.
Até passar semanas.
E perceber que o olho não era meu
O olho que olho é de Ana.
Eu só roubei a chama.
Como Prometeu.

Olho muito tempo meu olho no poema
Até perder de vista o meu ponto de vista.
Eu, você, Chacal, voceu.
Desisto.
Há 40 anos rabisco
Um filete de versos aos pés teus.

## A IGREJA

Certo dia, os santos desceram do altar
e pediram aos devotos
que estavam a rezar
o que consideravam o mínimo.
Não era esmola
Não era o dízimo.

As divindades não curavam,
tampouco benziam,
e com as roupas rotas – tal como nós –
apenas diziam:
"Amai-vos uns aos outros. Não estamos sós.
Olhe para o lado, repare e veja".

Porém, chegaram os pastores,
ouviram-se gritos:
"Saiam daqui, impostores".
E os santos, então,
aviltados, contritos,
foram expulsos da igreja.

## PERFUME

Quando abro o livro de poesia
ao meio,
gosto de encostar o rosto
para sentir cheiro
de poema novo.

## DOMINGO, 18 HORAS

Ao tentar escrever,
o poeta percebeu
que vivia no poema
que escrevia.

Caminhava com ritmo,
Respirava por métrica,
Pensava por alegoria.

O problema é transformar
a matéria bruta de todo dia.
Ou retirar do domingo, 18 horas,
substância para poesia.

# AMANHÃ

Pode ser que amanhã
não amanheça.
Pode ser que amanhã
eu me esqueça
de como havia pensado
que seria
o amanhã.

Pode ser que amanhã
eu enlouqueça.
Pode ser que amanhã
eu perceba
que não existe, de fato, o amanhã.

E cada amanhã
que invento
é um amanhã
que trago comigo.
Triste tempo perdido.
Verba vana,
Tentativa vã,
de que algo aqui,
algum dia,
ainda faça sentido.

## FUTURO DO PRETÉRITO

As crianças do amanhã
farão as mesmas perguntas
e brincadeiras de ontem
de um tempo em que já
nos falha a memória.

Os jovens do amanhã
repetirão as mesmas histórias:
os erros conhecidos
e pedirão iguais conselhos
para combater o mesmo sistema corroído.

Os jovens há mais tempo
sentirão os velhos medos,
as mesmas dores nos joelhos;
e olharão com receio
para o futuro incerto, cada vez mais perto.

E os poetas do amanhã
estarão diante da antiga página em branco
de onde arrancam
a velha poesia perdida,
conhecida desde Homero.

E o futuro será aquela imensa preguiça
a repetir o passado em suas promessas já vistas.

# A CIDADE

A cidade, aranha de metal e concreto,
é o espaço onde meus passos incertos
buscam a fuga.

A cidade, aranha de metal e concreto,
Muito cedo já desperta
os faróis em suas artérias,
a economia está em alerta (as commodities em queda).

No emaranhado de fios e cabos,
a cidade prende à teia
que sufoca, encaixa, enfeia,
Enfeixa meus olhos
Em suas telas e me refuga.

A cidade, aranha de metal e concreto,
mastiga a vida do poeta.
Depois, cospe o que resta,
enquanto assiste a novela.

A cidade, espreita e aperta,
Em suas ruas e esquinas
Debaixo dos viadutos,
os meninos e as meninas,
gente intrusa à geografia.

A cidade, aranha de metal e concreto, é fria
E esconde em suas vitrines luminosas,
em suas multidões ruidosas,
nossa antiga fotografia.

## A ORDEM DO TEMPO

O tempo que tenho já não meço por extenso
Então invento uns pedaços
Fragmentos costurados
Que já não sei se vivi.

O tempo que tenho já não meço como tempo
Eu meço como espaço.
O que posso a cada passo,
 qual caminho irei seguir.

O tempo que tenho não divido pelas horas,
por presente ou por passado,
calendários, liturgia.
Prefiro o tempo da poesia.

O tempo que tenho já não meço por extenso:
Início, meio e fim.
Porque não existo no tempo,
O tempo é que existe em mim.

# PARA CHEGAR AO SILÊNCIO

Leva-se muito tempo para chegar ao silêncio
Antes disso, é preciso:
muitas palavras mal-ditas,
muitos amores perdidos,
tantas bobagens escritas.

Para chegar ao silêncio,
ao silêncio real,
é preciso instar saudades
como uma prece, sem pressa,
em catedral.
E esperar.
Pois é preciso paciência
até o silêncio chegar.

Leva-se muito tempo para afinar o silêncio.
É necessário encontrar
uma amiga ou amigo
para ficar calado contigo.

E para apreciar o silêncio
são muitos anos.
É como encontrar o mar,
pela primeira vez,
que de tão imenso
e de tão intenso
nos faz sussurrar ao vento:
"Me ajuda a escutar".

## POÉTICA DO DEVANEIO

Vou deixar que as palavras me levem
além dos discursos fabricados,
enunciados enfileirados,
além da forma e sentido.

Vou deixar que as palavras me levem
se unam ao sabor do vento
balancem ao movimento
beijem uns versos distraídos.

Vou deixar que as palavras me levem
a brincar com sonhos na neblina.
E minha memória bailarina
ouça a brisa em melodia.

Vou deixar que as palavras me levem.
Me puxem pela janela
E eu me despeça delas
E amanheça poesia.

## SIGNOS

A palavra azul não basta
é pouca para tanto azul.
A palavra mar não chega
tão seca para tanto mar.

A palavra ser não é gente.
A palavra céu não sente
nem as minhas,
nem as tuas saudades.
Intraduzíveis.
Invernáculas.

Palavras são sempre menos,
nomes distantes do ser em si.
Por isso, é urgente
um respiro das palavras.
É preciso o silêncio da poesia,
Com todos seus não-ditos,
pois quanto menos digo,
explico.

# ESCREVER

Essa necessidade de escrever
Enquanto muros são levantados
Povos são bombardeados
Enquanto os ódios se açulam.

Essa necessidade de escrever
Enquanto crianças trabalham
Enquanto vírus se espalham
E a raiva se acumula.

Essa necessidade de escrever
Mesmo com a festa acabada
Com a luz apagada
Em frente à parede nua.

Essa necessidade de escrever
Sozinho, feito bicho do mato,
Porque é impossível ficar calado
É impossível esquecer.

Essa vontade de escrever
Porque escrever é fodido
É vício, ofício maldito
e ninguém pode deter.

## ESCREVER TODO DIA

Escrever todo dia
com inspiração ou não
Mesmo sem fantasia.
Mesmo que se arranque do peito
Mesmo meio sem jeito
Mesmo com a mente vazia.

Escrever todo dia
Ainda que te falte assunto
Ainda que todo mundo
Diga que de nada valeria.

Escrever todo dia
Como se fosse uma sina
Um remédio, uma vacina,
Emplastro contra melancolia.

Escrever pra entender
Escrever pra perguntar
Escrever por escrever
Escrever pra transformar

Escrever é permanecer,
pois todo o resto passa
 e o mundo do jeito que está
não basta.

# NÃO SOU FINGIDOR

Não, eu não sou fingidor
Descrevo completamente
Cada pedaço da dor
A dor que me é pungente.

E os que leem o que eu escrevo
Guardam uma dor também.
Nada disso é fingimento
É a vida que a gente tem.

E, assim, nas calhas da história
Giro a entreter a teoria
Ao contar minhas memórias
em lírica biografia.

## O TEMPO DO POEMA

Escrever um poema
É pensar com imagem
Desarrumar a linguagem
Deixar os versos espalhados no tapete.

Escrever um poema
É provocar memórias
Reviver histórias
Lembrar o menino que envelheceu tão de repente.

Escrever um poema
É subverter o calendário
Crescer ao contrário
Ter a palavra como brinquedo novamente.

Escrever um poema
É suscitar saudades
Celebrar o silêncio
Sentir a bagunça que o poema fez dentro da gente.

# DEBAIXO DA PELE

Debaixo das camadas dessa pele
encontro o tempo.
Encontro um barco
que me leva
e me navega
enquanto pesco
meus pedaços.

Debaixo das camadas desse tempo
encontro Hades.
Encontro o vento.
E o frio
desse outono
que recolho
em estilhaços.

Debaixo das camadas dessa pele
encontro traços
que me lembram algum rosto
cujo espelho
me devolve
em miragem.

Debaixo das camadas dessa pele
Há uma viagem
que espera
eu encontrar
no casaco amarrotado
a minha passagem.

## SISTEMA

Nenhuma Academia,
associação,
ou corrente literária
me amarra.

Ando mais só
do que solo
de guitarra.

## MEMÓRIAS INVENTADAS

Já faz algum tempo que ando envelhecendo,
comecei colecionando incontáveis manhãs.
E se ainda busco minha imagem antiga ao espelho,
percebo que esta é a busca mais vã.

Já faz algum tempo que ando envelhecendo,
sobrevivendo a inúmeras ressacas.
Deixei-me exposto ao sol e ao vento
que desenharam em meu rosto cada qual sua marca.

Já faz algum tempo que ando envelhecendo,
e já nem me importam ódios e raivas.
Algumas memórias já sei que invento
e outras histórias deixei bem guardadas.

Já faz algum tempo que ando envelhecendo;
minha vida é um livro que se enche de pó.
Há coisas que digo e só eu entendo
e a cada dia me sinto mais só.

## MATÉRIA DA MEMÓRIA

O universo da memória é feito
de verdades vazias:
um quadro na parede,
uma fotografia,
uma canção em pedaços,
um desenho, um traço,
a lembrança de uma frase,
um olhar, um disfarce.

O universo da memória
Funciona em ação do presente,
uma sombra colada ao corpo,
em uma tarde quente.

O universo da memória
resgata o tempo que resta
por imagens.
E cada história
É uma nova história
com os mesmos personagens.

## SONHO SUBMARINO

De não entender mais nada
eu, velho, virei menino.
Não me escondia em palavras
Não me importava o sentido.

De não entender mais nada
Eu, velho, virei menino.
E a vida virou aventura
Num *yellow* submarino.

E se o velho, um dia, do nada
Compreendesse não ser mais menino
Não o deixe ficar assustado
Deixe em paz seu desatino.

Talvez siga sem entender nada
– Saber não é o único destino –
Talvez o velho que penso que sou
É um sonho que sonha o menino.

## A IDADE ENSINA

A idade ensina a
escrever mais simples,
e abandonar:
arcaísmos,
barroquismos,
labirintos.

A idade ensina
a viver mais leve:
sem relógios,
velhos pódios,
só a substância.

A idade ensina,
com as circunstâncias,
a ficar sozinho.
Deixar o ódio
e a arrogância
pelo caminho.

# TRAPÉZIO

O poema surge
na estrutura
da folha branca
em forma bruta.

E ali pendura-se
O verso trapezista,
Na corda bamba
Desenhada pelo artista.

Em movimento
desaparece
o verso em si.
O sentimento,
que permanece,
será o de falta.

E, assim,
a gente segue:
a mão se solta,
a vida vai,
o verso volta.

## ADEUS, ODISSEU

Voltei a Ítaca para tomar uma gelada,
Mas Ulisses não estava.
Tive um tête-à-tête com Penélope
que me disse:
"Que difícil era Telêmaco!
Que falta fazia o pai".

Inventei, para nós, um cais.

Sugeri um chá de lótus.
E asseverei:
"Baby, não vamos entrar nessa noia
Não há mais Guerra de Troia.
Vamos viver em paz".

Assim, esquecemos de tudo.
E foi tão bom.
Tecemos novas histórias
e nos perdemos do mundo.
Até o amanhecer.

# PANELAÇO

Eu preparo um panelaço aflito,
como clangor estridente,
para acordar toda essa gente
nem que seja pelo grito.

Pois é difícil escrever poesia
Com tantas perdas por dia.
E é difícil escutar o que a musa canta
quando um silêncio maior se levanta.

Por isso preparo um panelaço forte
que faça o sangue ferver.
Exausto de tanta morte
e cansado de sofrer.

Preparo um panelaço triste,
como um réquiem canta o fim.
Pois já secaram os meus olhos.
Já se foram os querubins.

Eu preparo um panelaço infausto,
Mas em alto e bom som,
como um verso de Drummond,
como um fio de esperança.

Um panelaço que faça
com força, resistência e raça
despertar todo esse povo
que tem fome de mudança.

# O SENTIDO DA VIDA

Se houvesse um sentido na vida
ele não estaria
na linguagem encoberta,
mas na própria vida concreta,
despida de epifania.

## EU, HUMANO, DEMONSTRÁVEL

Sou eu, humano,
demonstrável?
Em que categorias
me encaixo?

Quais metodologias
são aplicáveis ao meu
sinóptico quadro?

Como classificar meus objetivos gerais e específicos?
Ou mensurar, ainda, o espanto diário do meu eu-lírico?

E, se no final de tudo,
as hipóteses não forem comprovadas?
A ciência terá concluído que minha vida não valeu nada?

## MARGEM TERCEIRA

A chalana singra o rio
no silêncio
da terceira margem.
O sagrado e o profano
Liquefazem
palavras e fronteiras.

Rio abaixo, rio adentro.
Não há ponte
quando a cheia
se aproxima.

E enquanto não se avizinha
A barca de Caronte,
o horizonte vira água
na calada geografia ribeirinha.

## MÁTRIA

Seu nome não é Severina
que é nome de romaria.
Nem seu pai é Zacarias.
Atende por Bibiana,
neta forte de Donana,
esse o seu nome de pia.

São muitas que ela carrega,
Desde as filhas de Maria,
Desde Antígona, Electra.

Tantas sementes deixaram
Araram solos distantes.
Mas disso tudo o importante
é a coragem que alumia
– na força da enxada e na guerra –
pois quem luta todo o dia
há de ter em justa medida
o seu pedaço de terra.

## QUEM SABE UM RECOMEÇO?

Quem sabe recomeço daqui?
Como se não houvesse nada antes
Nenhuma palavra dita ou escrita
Nenhum significante –
Como se fosse o primeiro poema.

Quem sabe eu recomeço do zero?
Tentar fazer o que ninguém fez.
Ou, quem sabe, talvez
Desembarcar de um trem
Em uma cidade desconhecida
uma nova vida, um outra vez.

Quem sabe recomeço agora?
E tento esquecer meu nome,
Como se não houvesse passado,
Álbuns ou porta-retratos.
E defronte a qualquer porta, parado,
Espero alguém atender.

Quem sabe recomeço daqui?
Na última estrofe – que seja.
A vida como eterno agora
Aquele instante em que se deseja,
Antes de terminar o poema,
Ir embora.

## SAÍDA

Quando a Indesejada das gentes chegar
Eu quero encarar sem medo,
Olhar no fundo de seu olho fundo
Como é o olho de um poema.

E vou dizer tudo o que eu penso
E se a noite estiver boa
E se o dia valeu a pena
Vou convidá-la a dançar
Antes de sairmos de cena.

## QUANDO EU PARTIR

No dia em que eu partir
Tudo vai seguir igual.
Os mesmos encontros no bar
Conversas sem um final.

Um verso cortado ao meio
Uma resposta que nunca veio
A encomenda junto à porta
Uma faca que já não corta.

O pôr do sol de janeiro
A estrada que segue sem fim
com movimento o tempo inteiro
prosseguirá sem mim.

E no período de festas
Mesmo depois de partir
Serão lindas as serestas
Ainda que eu não possa ir.

Um poeta fará seu primeiro verso
Com medo e certo espanto
E a vida terá valido a pena
Mesmo que eu não cante mais meu canto.

# A PALAVRA NÃO DITA

Em um canto deixei aquela palavra não dita
Não lembro bem onde ficou,
embaixo do televisor ou,
quem sabe, na mesa da cozinha
onde nos encontramos
como velhos conhecidos
que se trombam nas esquinas.

Talvez tenha ficado
– a palavra que falta –
no banheiro
onde somos verdadeiros.

Ou a palavra lavada
tenha sido levada
à sala ou à mesa com os convivas
onde a formalidade
é um convite a conversas suicidas.

Quem sabe a palavra não dita tenha sido deixada
em meio a um livro,
marcando uma página;
em alguma entrelinha,
a palavra pendurada.

Talvez seja lembrada
quando não precisarmos mais dela
ou mesmo quando não restar mais nada.

## LACANIANA

Nossa linguagem é sempre
Fruto de um fracasso, pois
nunca conseguiremos dizer
o que queremos de fato.

E o significante
Nunca levará a um significado,
mas a um outro significante
E dali por diante.

Nesse deslizar confuso do sentido,
entenderemos apenas uma parte,
uma parte apenas,
daquilo que nos foi dito.

## ROUSSEAUNIANA

A ideia do poema nasce boa,
a escrita é que a corrompe.

## RODRIGUEANA

Escrevo mesmo
para encurtar distâncias;
não confio em poeta
sem erro de concordância.

## O SOM DO POEMA

O som do poema
encerra
o som do mundo.

Uma porta
que fecha
e uma janela se abre
para o som dos versos.

Eles se aproximam
das copas das árvores
movidas pelo vento
na tarde de inverno;

ao som do mar que quebra
incessante
insistente
a marulhar memórias;

e, finalmente, volta ao som do quarto vazio
da respiração forte
que antes havia
quando via a vida
se exaurir aos poucos
em todos;
enquanto janelas e portas
abriam-se
apenas
ao silêncio.

## POEMA SE FAZ FAZENDO

Um poema se faz fazendo.
Não se sabe onde vai parar –
Tampouco se irá parar.
Por vezes, começa o verso
e as palavras são mais rápidas,
atropelam o pensamento,
projetos, planejamentos.
Universo em expansão.

O poema existe
no exato momento
da súbita revelação;
como o cheiro de tangerina,
laranja da China,
que fascina o poeta
do Maranhão.

O poema é arte
do descobrimento
que se faz fazendo
como uma promessa
que pode se cumprir
ou não.

## PROMETEU

Debaixo da minha cama
Há um cão que rosna
e me chama.

Cada vez que passo
Me arranca um pedaço
E ainda reclama
de não ser águia,
como na mitologia,
e da minha carne
ser tão dura e fria.

Debaixo da minha cama
também guardo a chama
que roubei e não me arrependo.

Agora carrego a pena
e sigo escrevendo
na folha que, a cada manhã,
se regenera,
enquanto o cão
cumpre a missão
e avança em minha perna.

## PARATODAS

Com Marina Lima
Tudo é Fullgás.
Com Carolina, Ana,
A garganta arranha.

Com Ana Cristina César,
há uma folha limpa
à nossa espera.

Com Martinália,
Mudo convite,
Vamos a Maracangalha
– e se calhar vamos com Anália.

Com Marisa,
É só sentir a brisa e
 ser feliz.

Com Adriana,
a gente anda
e, pelas ruas, vê doer a fome
dos meninos que têm fome.

E com Rita, Bethânia, Nara e Elis,
Ainda é possível refazer o país.

# O CORPO DO TEXTO

As marcas no corpo do texto
são marcas do tempo,
pois textos também envelhecem.
Por vezes, já não reconhecem
O olhar dos antigos leitores.

As marcas no corpo do texto
Atestam suas dores.
Algumas são só tatuagens,
Outras apontam passagens,
Leituras de tantos lugares.

As marcas no corpo do texto
Nos trazem outros textos.
Funcionam tal como mosaico,
Pedaços dos quais somos feitos.

As marcas no corpo do texto
Não ferem o texto.
Mas fazem o contrário.
Alteram o itinerário
Reluzem o texto já lido.

## AQUI JAZ

No dicionário
A palavra é um cadáver que sorri.
Só interessa
A necrólogos,
A Filólogos,
E a Saussure.

No obituário,
Dos signos enterrados,
Jazem significantes e significados,
Lado a lado,
Junto a um epitáfio perdido:
o dicionário é o cemitério do sentido

## DAS IDEOLOGIAS

Esse negócio de ideologia
Não engana mais ninguém,
Pois aquele que denuncia
É ideológico também.

## DEU PRA TI, ANOS 80

Na memória longínqua de uma tarde,
minha mãe dizia:
Toma mais um mate.
E a vida acontecia.

## OS OUTROS

Nunca estamos
em paz ou a sós,
pois o inferno são os outros
que habitam em nós.

## A QUEDA

A queda seduz,
pois no abismo
a imersão é bela;
é onde se experimenta,
na derradeira descida,
a real descoberta
dessa invenção que é a vida.

## IN MEDIAS RES

Desfaço por toda a noite
os versos que escrevo ao dia,
enquanto aguardo a musa
voltar com minha poesia.

## NOITE

De quem serão as luzes acesas à noite?
Serão poetas? Serão amantes?
Serão anjos a cuidar das crianças na madrugada?
Será alguém que não dormiu, pois tem saudade?

De quem serão as luzes acesas à noite na cidade?
Trabalhadoras a despertar para outro dia?
Um menino a acordar de um sonho ruim,
de um pesadelo sem fim?

De quem serão as luzes acesas à noite?
Será alguém a lembrar que tantas vidas teve?
Será alguém que sabe que pouca vida resta?
Um ritual? Alguma festa?

De quem serão as luzes à noite?
Serão faróis, serão estrelas, serão segredos
acesos, enquanto dorme a multidão?
Serão mistérios, será loucura
ou solidão?

# NÃO TENHO MORRIDO MUITO

Não tenho morrido muito ultimamente.
Tenho me guardado para uma morte mais épica,
 trágica, grandiloquente.

Cansei de queimar aos poucos,
como toco de vela trêmula,
cortando o verso ao meio,
estragando a vida e o poema.

Quem sabe, no fim, uma campa esplêndida
um adeus fulgurante;
uma noite acesa
um luar de diamante.

Pois como dizia o poeta:
O que importam as cinzas que restam
se a chama foi alta e bela?

## COMO NASCE UM SONETO

Se eu ficar quieto,
estático;
em algum instante
mágico
no jardim.

É certo que consigo
ouvir o vento
soprar
um soneto
para mim.

## UM SONETO PARA QUINTANA

Eu bem entendo da questão social,
pois faço parte dela, humanamente.
E se, por vezes, aflige-me algum mal
É que esse mal aflige a muita gente.

Se o mundo em volta se esbarronda
Já não consigo ser indiferente.
E se erijo um vago país da Trebizonda
Eu não estou isolado nele somente.

Eu vivo com os loucos, os excluídos, as crianças,
que não são ouvidos, mas existem,
pois são comuns nossos desejos e esperanças.

E somos nós e nossa circunstância
a exigir humanidade aos que resistem
em enxergar no outro o que nos une em semelhança.

# FRONTEIRA

A fronteira
como não-lugar
serve para passagem
não serve para estar.

Morar, então,
na fronteira
é fazer da casa a soleira
da porta.
Fronteira será sempre limiar.
Não pode ser raiz
o que existe pra ser rota.

## E SE

Se todos os amores fossem correspondidos
Se todos os olhares fossem retribuídos
Se todos os bilhetes fossem respondidos
Se não houvessem corações partidos

O que seria da poesia?

## LEMBRETE

Não insistas para que eu chegue na hora
O tempo da poesia é a demora.

## O POEMA ESTÁ MORTO

Ah, esse poema-defunto
que me olha bem no fundo
dos meus olhos
Enquanto eu o deito
Com cuidado
e respeito
Na campa dura
da página
que se transfigura
em sepultura.

## MEMÓRIA DE NATAL

Em meu poema de Natal
Ainda estamos todos juntos
Não lembro de nenhum presente
Mas lembro de todos assuntos.

Conversas rompiam a manhã
E o Natal poderia ser o mesmo
Não fosse essa sala em silêncio
Onde hoje apenas escrevo.

# A PERSISTÊNCIA DA ARTE

Os versos interrompidos
– que não viraram poemas –
vão para o céu da poesia.

E lá, longe dos especialistas,
dos críticos e dos puristas
formam um lindo mosaico surrealista.

# UM JARDIM AO SUL

# SOLIDÃO CONTINENTAL
*Para Noll*

Qual é a voz da solidão
que penetra neste quarto
enquanto cato uns relatos
em pedaços de João?

Qual a voz da solidão
que me persegue por esquinas,
os cegos, as bailarinas,
nesses rastros de verão?

Qual a voz da solidão
que nunca deixei de ouvir
que me segue a caminhada
– rumo ao nada –
e cujo fim é um fim em si?

## APRENDER A MORRER

Aos poucos
– sem perceber –
aprendemos
a morrer.

Com um passado
que se afasta
ou um amor
mais calado.

Uma xícara que
se quebra;
uma edição
de obras completas.

Com a sensação
rediviva
de conversas
repetidas.

E com o brinde
breve à vida
relembrando
despedidas.

## A PARTE DO TEMPO

Não gosto
da parte do tempo
que ficou na memória;
tampouco da parte do tempo
que ainda não tenho
– e que fica tecendo, contando,
medindo minha vida nas próximas horas.

Eu gosto da parte do tempo que se desenrola,
enquanto vou escrevendo.
Eu gosto da parte do tempo que se chama
Agora.

# MORTO

O morto está sempre de perfil.
As pessoas, ao seu entorno,
Parecem não querer acordá-lo.
Falam baixo, pisam leve, em quase silêncio.

Parece que todos aguardam
do morto uma declaração final;
uma última frase, um verso de sabedoria,
um pronunciamento
em algum momento.

Mas o morto está ali ao centro
Em ausente presença.
E nós, unidos no que nos resta,
à espera.

## SILÊNCIO

A poesia é um imenso corredor de solidão e ruínas.

## HISTÓRIA DA ETERNIDADE

Há dias que lembram
Outros dias
Que esquecemos
mas que retornam
Como memória
Resgatada.
E, na verdade,
São só histórias
De outros dias
Que já vivemos
Pois a realidade
É substância
que ocorreu
em outra instância
nessa imensa história
da eternidade.

## VERTICAL

Há um tempo
Em que se vive
Pra dentro.

Tempo de
quase-nada;
 tempo sem pensamento.

Não é morte,
Não é vida,
É limiar,
viagem vertical,
Para depois voltar a respirar.

## ANOTAÇÕES AO RODAPÉ DO CALENDÁRIO

Tudo o que não presta
passa;

Todo dia de festa
passa;

Tudo que nos resta
é marca;

E se ainda há algo a ser feito:
faça.

# NÃO SE ADIA POESIA
*Para Affonso Romano de Sant'Anna*

Há coisas que podem esperar
O imposto, a viagem, a burocracia:
Mas poesia não sc adia.

Há sempre uma cerca a consertar,
Uma conta na padaria.
Mas um verso não pode esperar
nem a imagem que ele anuncia.

O futebol não é tão urgente,
Política, economia.
Mas quando surge a poesia,
tudo mais fica pra trás,
não se deixa pra outro dia.
Poesia não se adia.

## UM JARDIM AO SUL

*Para ser lido ao som de "Noite de Paz",*
*de Dolores Duran*

Há dias em que encontro Caio.
Ele passeia por Santiago.
E mesmo quando estou meio *down*
é bom saber que Sol entrou em Libra.
Lembrar que tudo é ciclo, tudo é ritual.

Há dias em que encontro Caio
E ele me fala do seu jardim
Das petúnias e cravinas
com seus tons de amarelo sem fim.

Há dias em que encontro Caio
E ele me ajuda a atravessar a vida
Diz que sempre se pode cantar
Mesmo quando não há mais saída.

Há madrugadas em que encontro Caio
E peço uma noite de paz
Para poder descansar das terças-feiras gordas
de tantos carnavais.

Nas manhãs em que encontro Caio
Lembramos que girassóis não têm pressa.
Então voltamos a mexer na terra
onde tudo termina e recomeça.

# RÉQUIEM

*Para Paulo Roberto*

Pai,
Peço perdão,
eu não sei rezar.
Mas nesse poema onde calo
– nos versos em que não falo –
Meu silêncio é oração.

Pai,
Talvez tua lição
inaudita
seja a de que cada partida
nos joga sempre
– e brutalmente –
de volta à vida.

# Notas em forma de posfácio

A poesia é palavra em falta. Mas o discurso poético também se revela como uma forma desautomatizada de linguagem que rompe com expectativas, com a linearidade do pensamento e com discursos utilitários. Por isso, a poesia é tão necessária para nossa existência: para te jogar de volta à vida e nos preparar para mergulhos mais profundos e intensos.

Além disso, a tessitura do poema abrange significantes ritmos, sons e imagens em uma amálgama de sentidos vinculados que facultam uma leitura mais complexa, apresentando, muitas vezes, o signo ao avesso do avesso, no que ele diz, em seus silêncios e recomeços.

A memória talvez seja, desse modo, a matéria cuja melhor expressão é a poesia, justamente por essa perspectiva fragmentária, oscilante e lacunar que lhe constitui em sua estrutura formal.

No que se refere, ainda, à articulação entre o texto poético e a representação da memória, é importante salientar que existe, tal como afirmam Jean-Yves Tadié e Marc Tadié, um "elo entre o que percebemos do mundo e o que criamos, o que fomos e o que somos". Por conseguinte, a memória, mediada pelo discurso poético, percorre um eixo da temporalidade – partindo sempre do presente até o passado – e um eixo da recriação, transfigurando os espaços do vivido. Em *Tudo faz tanto tempo*, a criação amarra os fios da temporalidade, da identidade e da memória.

*Tudo faz tanto tempo* representa esse vínculo entre o presente, o passado, a memória e a linguagem poética como formas de reelaborar "os vastos territórios da realidade pela arte". Nesse percurso, é possível descobrir outros caminhos, viagens (em suas revelações e perdas), outras leituras e canções que acabam por mostrar que existe um tempo que transcende calendários, relógios ou liturgias: é o tempo da poesia.

**Outono de 2024**